Lotte Motte's

Eichhörnchen Countdown

1. Auflage 2000
© 2000 Lotte Motte

ISBN 3-8311-0936-2
Herstellung: Libri Books on Demand

Herzlicher Dank geht an:

Rita, Nadine, Steffi, Dagmar
Larissa und Nathalie
Melle
Käthe und Hildi
Helmut Schida
Claus Kühnel
Meine Mutter und meinen Bruder
Kurz: Alle die mir (bewusst und unbewusst) geholfen haben,
dass die Realität ein Traum wurde:

Viele Träume sind Porzellan in wütender Hand;
Sie zerschellen einfach so an der Wand

Und:

Allein, Allein
Ständ ich im Sarg mit einem Bein
Wie ein Mantra in meinen Ohren,
wie der monotone Huflaut von zukunftsscheuen Pferden,
die mir wohl nie zur Vergangenheit werden
und mir so das Trommelfell durchbohren

(22. April 1999)

Rhyming's a terrible symptom of true madness

(Lori Carson, Train)

Inhalt

URIN-ein ganz besonderer Saft!

Oft sitz ich auf dem Klo
und das Ergebnis macht mich gar nicht froh
Ich habe Schnupfen und mir ist kalt
aber es schweigt der Spalt
da werd ich traurig
dass noch immer nichts kommt, dass bedaur' ich
denn Urin
ist ja bekanntlich die beste Medizin
Jeden Morgen ein Glas
das bringt schon was!
hast Du mal 'ne Warze
Urin trifft voll ins Schwarze
Auch bei Hühneraugen
tut's was taugen
aber nicht nur außen, sondern auch innen
kann Urin den Kampf gegen die Krankheit gewinnen
Und kannst Du mal nicht mehr seichen
schütt' oben nach, es wird schon reichen!
ganz gleich welche Viren
verweil nie bloß beim Inhalieren
Du musst schon schmecken und dann trinken
um die Anzahl der Krankheitserreger zu sinken
Urin, so lange der Vorrat reicht!
Na, ist da die Schmerzgrenze schon erreicht?

(28 Januar 2000)

Schlechte Laune heute?

Manchmal sind die Gedanken gut, meistens schlecht
und doch sind einem eher letztere recht
meist sind die Gedanken schlecht, manchmal sind sie gut
und es wallt sich das Blut
denn man fürchtet den Mut
Aber ganz egal, ob schlecht oder gut
es hyperpulsiert und spritzt das Blut
ganz gleich welcher Natur
man läuft gegen die Uhr
bläst Trübsal, ist in steter Aufruhr
wie ein Leben ungelebt
in einem Spinnennetz nie gewebt
man weiß, das irgendwo etwas kauert
das auf einen lauert
Wie ein Film nie gedreht
ein Buch ungeschrieben
hat der Wind auch nie das Schicksal verweht
bin letztendlich ich doch ganz allein geblieben

(3. November 1999)

Moody today?

Sometimes thoughts are good, mostly they are bad
but nevertheless we prefer the ones that make us sad
Mostly thoughts are bad, but sometimes they are good,
boiling blood
fearing your own braveness
If thoughts are good or bad, nevertheless
hyperpulsing and squiring your blood
no matter what kind of mood
it is a running against time
mobing and raging in a rhyme
like a live unlived
in a spiders net never weaved
The knowing of something's
squatting in wait for you has achieved
to get you numb and stiffed
like a movie never made
unwritten is the book
the wind hasn't turned my fate
It has always been emptiness and a life-time it took

Let down

I know a tree
with an itching bark
itching for to say: „dearest heart, I love thee
but there's a sky; always raining, glowing stark
and there's a ground whose surviving
depends on water that can only be offered by a sky
And my poor tree has striked its roots into the same sad ground
where the famous three words will be decaying and never found
So the only alternative from starving is to try
If there's nothing more for you to lose
swallow the bitterest pill with the sweetest juice

(26. Oktober 1999)

Wunschlos glücklich

Sie war niemals glücklich
vernahm man aus ihrem Mund stets ausdrücklich
man fand sie drum auf der Straße stücklich
war sie nun endlich glücklich?

(Frühling 1998)

Blut-Träume

Es scheint mir wohl zur lieben Gewohnheit zu werden
das was gesprochen und in großen Gebärden
ich kaum auszudrücken vermag
Dir einfach zwischen den Zeilen eines Gedichtes sag
Das gibt einem wieder Hoffnung, schenkt neuen Mut
denn ich weiß Du träumst auch so gern von Blut

(3. September 1999)

Kulinarische Weisheiten II

Und es lauert der Tod
auf deinem Pausenbrot
und es seufzt mir nur: Soviel Tod
                    auf einem Brot
Du beißt hinein
ich hör ihn schreien
Du kaust und kaust ihn
auf das du verdaust ihn
So sag ich dir nun im Vers
Tut man dasselbe dem Menschen, so nennt man das Pervers
Ja, ich frag dich jetzt mal ganz kontrovers
ist das beim Tier denn minder pervers?

Der Lügner

Deine Zunge rekelt sich im Rausch deiner Lüge
als ob dir das letzte Stündlein schlüge
und als ob das noch nicht genüge
gibst du vor, dass deine Zunge nie dein Gehirn betrüge
und entringst ihr, blubbernden Blutes, eine weitere Lüge
die ich dann meiner Meinung über dich hinzufüge

(Frühling 1998)

Der (Über-) Lebenstyp

Die Momente des Glücks dauern nie lange
drum machen Sie einen auch so bange
aber jede vergangene Sekunde
leckt einen sanft die frische Wunde
und wohltuendes Vergessen
macht einen erneut (oder mal wieder) neugierig und Versessen
auf das Leben
und für dieses würde man dann schier alles geben
denn alles andere ist nur ein Überleben

(11. April 1999)

ES

Sie trugen es rauf zu den Bergen
fühlten sich wie zwei von Schneewittchens sieben Zwergen
Sie hatten es zerteilt, verstaut lag es in drei Särgen
Keine Zeit mehr es ausbluten zu lassen
Rot tropfte es aus dem Holz
Und es weinte im primitivem Trieb
„Warum hat mich niemand lieb?,
 obwohl ich doch all eure Wagen schieb
 all eure Lasten trag
 zum Dank baut ihr mir einen Sarg"
Einer von ihnen weinte
„Es wäre wohl besser, es abzufackeln"
Bevor es sich noch bei ihnen einschleimte
zustimmend taten alle mit den Ohren wackeln
So öffneten sie die Särge
und taten nochmals kräftig hacken
Schneewittchen samt der sieben Zwerge
und spuckten sich derweil erfrischend in die Nacken
„Hört ihr nicht auf zu hacken,
 so überkommt euch ein Fluch"
versuchte es ein letztes mal ihr Gewissen
am skrupellosem Schlafittchen zu packen
aber sie hackten weiter, wickelten es in ein unbeflecktes Tuch
Nur wenig später ließ der Himmel Flammen sich wie Tänzer drehen
und sie wussten niemand würde sie je wiedersehen

(Sommer 1998)

Nur ab und zu

Manchmal wagt man es ja zu träumen;
nur ab und zu
und die guten Träume sind wie die schlechten;
sie lassen einem keine Ruh
Manchmal wagt man es ja ihnen Glauben zu schenken;
nur so ab und zu
die guten Träume entsagen einem ihre Erfüllung;
die schlechten erfüllen sich im Nu
Und ich frage mich, was sie bei mir hält;
diese lieben Leute
warum sie nicht hier und heute
die Koffer packen und von mir gehen
auf das wir uns vielleicht
irgendwo zwischen den Zeilen
einer meiner Gedichte wiedersehen
oder sich ein einsamer Gedanke an mich
in ihre Köpfe schleicht
der dann aber den vielen anderen weicht
weichen muss
ich glaube ich mache für heute
mit dem Dichten lieber Schluss

(25. Juli 1999)

Now and then

Sometimes you dare do dream,
just now and then
the good dreams are like the bad ones,
you can get no rest
Sometimes you dare to believe in your dream,
just now and then
The good dreams resign to fulfil,
the bad ones fulfil the best
and I wonder what keeps
this dearly loved people with me,
why do they not just pack their bags and go
here and now
that maybe
we will meet again between the lines of a poem
or a lonesome thought of myself
in their heads may roam
But then has to eschew
From thoughts quite more important
I guess today it's better for me
To make and end
With poetry

SEPTENNIAL

My crimson fist defies
forest by angry eyes
Fire of strange light
gives little brother a cold kiss good-night

It reduces the dry eye to cry
this new build dead stone houses up high
The wind just needs to whisper
your names softly upon the ground
and fires will grow over bound

This book is filled with three pages of silence
and in not one of them a word of confidence
And my voice mocks the melody
shows the fire how to burn all of thee

On the burnin' roofs where
They all wait for rainflowers to grow
But flames wildly flourish there
and condemn them to where the crows go

This is their suicide
and not my flame-tongue-delight
They are dancing through the flames
burning away their identity and names

Oh! This soundless destruction
no one screams and no one cries
Death of construction
cut of their tongues from their sweet little lies

So the amount of years is odd
The last bullet of fire seems to be shot
But no thought of being tame
resounds the first echo of a flame

(Winter 1997)

SIEBENJÄHRIG

Es fordert heraus meine karmesinrote Faust
die wütenden Auges im Walde haust
Feuer in seltsamer Nacht
hat Brüderlein zu Schlafe gebracht

Es macht dem trockenem Auge Weinen
die neu erbauten Häuser aus toten Gebeinen
Der Wind braucht doch nur eure Namen zu nennen
schon ist's lichterlohst am Brennen

Dieses Buch von drei Seiten des Schweigens verhüllt
und nicht eine davon mit Worten der Zuversicht gefüllt
Und meine Stimme die Melodie verspottend
befielt das Feuer auf diese Welt, sie entmottend

Auf den brennenden Dächern, wo
sie alle sitzen, der Regenblume beim Wachsen zu zusehen
Aber zerstörendst brennt das Stroh
und lacht euch aus zu gehen

Dies ist ihr Selbstmord
und nicht meiner Flammenzunge Entzücken Wort
Durch die Flammen dann tanzend
diese, die dann entganzend...

...Oh, lautlos tun zerstören
niemand weint und niemand schreit
und ihre reuigen Zungen, die meine Flammen betören
von den Lügen befreit

An gezählten Jahren sind es sieben
von der letzten Feuerkugel scheint geschrieben
doch abermals hat's geknallt
das erste Echo einer Flamme widerhallt

Brotlose Kunst

Meist so gegen Abend
mich noch in Erinnerung
an deinem Lächeln erlabend
möcht ich von den schönen Dingen
so viele als möglich zu Blatte bringen
Und ich bin nie lange Sklave des Überlegens
schon purzeln die Verse aus mir heraus
und oft kommt mir trotzdem
das Gefühl ich dichte vergebens
selbst, wenn ich manchmal vielleicht
sogar schreib was Schlau's

(14. September 1999)

Countdown

Ach, noch eine halbe Stunde
und das Blut quält sich durch die Adern
resigniert macht es seine Runde
und öffnet die Wunde
attackiert von trüber Gedanken Kampfgeschwadern
das Blut, kaum hat es das Gehirn erreicht
wird es auch schon von den Gedanken verscheucht

Noch 20 Minuten
und die Wunde fängt an zu Bluten
es tropft an meinen Schläfen herab
und das nicht zu knapp

Nur noch eine viertel Stunde
und weiter leckt die Wunde
mit Blut von recht seltsamer Farbe
hält Ausschau nach der tiefsten Narbe

Und schon bleiben nur noch Sekunden
es öffnen sich weitere Wunden
mein Blut sammelt sich zu einer Pfütze
und mein Körper versagt mir seine Stütze...

(22. November 1999)

In den Adern tiefren Blutes

Man sitzt da
und ahnt nichts Gutes
und spürt es schon beinah
in den Adern tiefren Blutes

Dann steht man auf
ist nicht frohen Mutes
das Gefühl ersteht langsam
wieder auf und kriecht herauf
aus den Adern tiefren Blutes

So legt man sich dann hin
man fragt sich warum, aber trotzdem: Man tut es!
Und vielleicht ergibt irgendwo irgendwas noch einen Sinn
in den Adern tiefren Blutes...(?)

(17. Juli 1999)

Acid-light-dinner

In meinem Kopf, omnipräsent
ein boshafter Gedanke, den niemand kennt
Zelle für Zelle, wieder und wieder durchrennt
bis das vertrocknende Gehirn mir verbrennt
nur noch ein Stein mich von diesem trennt
Im Fluss wildes Wasser, das meinen Namen kennt

Und die Schandmaske auf meinem Gesicht
tut doch auch nur ihre Pflicht
Hart ist das Gericht
und gnadenlos sind die Worte im Gedicht
Jemand mir mein letztes bisschen Seele bricht
Und mein nicht gerade vages Ende ist auch schon in Sicht

Jetzt nur nicht durchdrehen
tapfer auch noch die letzten Schritte gehen
bis mir das verhärmte Herze bleibt stehen
Und ich schau runter zu meinen Dreckwasserseen
dort wartet auch schon eine von den besoffenen Feen
die mit mir dann in heißere Gefilde gehen

(Winter 1997)

Schwer verdaulich I

(Für Rita)

Heute ist einer jener Tage
die ich kaum ertrage
und ich mir wünsche mal wieder einen Film mit Dir zu schauen
der da ist schwer zu verdauen
denn schwer zu deuten
aber irgendwann wird uns der Sinn schon läuten
Zum Ganzen fehlt immer eine Wenigkeit
Doch was ist das da auf einmal für ein Gebimmel und Geläut
   Und jene die dem Morgen misstrauen
   sind am Abend meist die Schlauen
   meist aber nicht die Glücklichen
   da ihre Träume bei soviel Vorsicht
   nach allen Richtungen entwichen
Manche Verse liegen einem einfach schwer im Magen
Der Darm tut zwischen den Zeilen oft ganz und gar versagen
Drum bin ich froh, wenn es wieder weihnachtet
denn dann bist du wieder zurück, um auf mich acht zu geben
wenn einer jener Verse mir wieder trachtet
nach meinem bisschen Leben

(September 1999)

Schwer verdaulich II

(Für Rita)

Ich sitze hier und starre vor mich hin
und frage mich immer wieder
weshalb ich gerade als jene existiere, die ich bin
und suche nach Antwort in anderer Leute Lieder
oder meinen eigenen, und Gedichten
die Erinnerungen mit nostalgischen Blitzen ablichten

Früher kotze man noch Brei
heute feste Nahrung und Wein
Früher war man glücklich, früher war man frei
und in ein paar Jahren
wird man dasselbe behaupten von diesem Jetzt
demnach müsste man eigentlich immer glücklich sein
aber die Frage steht trotzdem immer bereit und verletzt:
wofür soll man noch kämpfen, worüber sich noch freuen?
Und gerade in der Zeit um Weihnachten
tut einen diese Frage regelrecht die Seele schlachten

(5. November 1999)

Von der Unmöglichkeit des Liebens

Tu dich nicht nach Liebe sehnen,
man wird sie dir eh verwehren
höchstens dein Verlangen danach
wird schmerzhaft man vermehren
wie lauter Marionetten und keine Scheren
Und irgendwann treibst du dann als Leiche
auf nicht mehr ganz so blauen Meeren
Ein paar Tage später wirst du dann an Land gespült
dort stellt man fest, du hast dich leicht verkühlt
dein Herz, es drückt sich vor seiner Pflicht zu pochen
und auch dein Fleisch
ist nicht mehr gut Freund mit den Knochen
Dein Teint hat einen höchst ungesunden Ton
nun hat der Sensemann einen weiteren Klon
Du warst immer anders als die andern
das zwang dich zu schnellen Wandern
die Steine auf deiner zarten Haut
die haben dich nicht gerade aufgebaut
und dann stürzt auf dich nieder
schwere Erde
macht dich zu einem „Nie-Wieder"
unsere Tränen wie der Huflaut der zukunftsscheuen Pferde

(28. April 1999)

Zurück zum Ursprung

Und der Wind legt die Knochen des Kindes bar
und alles, was man noch sein könnte,
ist das Kind, das man einst war
längst nennt man es Vergangenheit
glaubt an seines Fleisches Vergänglichkeit
doch es wird nicht von uns gehen
ohne uns nicht noch kräftig die Glieder zu verdrehen
auf dass sie leichter brechen
und wir wieder gedenken
dem Kind, das uns könnt lenken
bei all den bösen Nägeln des Seins,
die unsere ratlose Haut zerstechen

(Frühling 1998)

Ein böses Wort in unschuldiger Meile
An einem geheimen Ort in ungeduldiger Meile
Spielt mir das Lied vom Tod auf der Nagelpfeile

(März 1998)

Der Suizist

(Ich weiß zwar es heißt Suizident,
Scheiße nur, wenn man keinen Reim darauf kennt!)

Oh, mein potentieller Suizist
Sag mal, wer hat dir in deine Seele gepisst
das Urin so scharf,
dass es selbige von innen heraus zerfrisst
wir lasen in der Zeitung du seist vermisst
doch sitzt du vor uns mit trüben Pupillen
die das Licht dieses Raumes
bis aufs letzte Atom killen
wir versuchen deinen Kummer
mit Herzenswärme zu stillen
doch die entschwindet mit der Sonne Strahlen
in deiner Depressionen Rillen
aus diesen wir dich suchen rauszufischen
und du, unfühlend, tust uns ein Lächeln auftischen
Der kalte Zug Atem deines Mentalen
auch er kann unser Pseudo Mitleid nicht entstahlen
deine Seele wie tausend Bananen
unter Millionen Schalen
drum weißt du um viele Methoden
zur Erlösung von den Qualen

(Sommer 1998)

Himmlische Ordnung

Ich wär doch beinah zu Falle gegangen
fing schon an um mein bisschen Leben zu bangen
sah über meinen Haupt die Sternlein prangen
hörte wie lieblich die Englein sangen

Dann hätt ich mir bestimmt
mein Köpflein gebrochen
und nie mehr auch nur den Hauch
eines Wörtleins gesprochen
Ich sah schon wie Gott vom ersten
bis zum letzten Herzpochen
in einem Ordner tat mein Leben ablochen

Ja, Gott hat immer Spaß daran
wenn er so was tuen kann
vom Regal sodann einen weiteren Ordner er entsann
denkt freudig drüber nach;"Wer ist diesmal dran?
Wem schenkte ich das Leben,
worauf ich's ihm wieder nehmen kann?"

Auch Satan hat's in den Ohren geklungen
denn die letzten Röslein die da entsprungen
sind dem lieben Gott gründlich mißlungen
Ei, wie sich da die Feuerzungen um sie schlungen!

Der Rest der lernte dann Harfe spielen
und sah zu, wie die Englein vom Himmel fielen...

(Sommer 1998)

The Septennial-girl

I can no longer gasp for air
can no longer kick my head
against this cold wall of despair
I can no longer hold my breath
but I know you want my name on a cross
witnessing my death

So I can admit that I just live out of spite
my last gasping for air will be your first delight
So I struggle, I fight
And that I'm the septennial girl can't be denied

Trees are whispering my name
burning branches that break if I
just imagine how they might look like
The rose of your burning lover
will point at you with its last spike
the moment just before you become
the picture inside of a crimson frame

So you can admit that you just live out of spite
your last gasping for breath will be my first delight
So you struggle, you fight
And that it's because of the septennial girl can't be denied

(19. Oktober 1999)

Kulinarische Weisheiten!

Es heult die Eule in meinem Kopf
morgen kommt sie in den Suppentopf
Es macht von drinnen klopf klopf klopf
morgen geht's ihr an den Schopf
das Wasser schon am Sieden
bevor Sie dahingeschieden
Noch sitzt sie auf dem Baum
träumt den Mäuse-Traum
das Wasser läuft ihr schon zusammen in dem Munde
denn unterm Baum sitzt ahnungslos ihr bester „Kunde"
Sie fliegt los, dreht 'ne Runde
ein Schuss fällt und trifft
es lacht die Maus
bevor sie weiterkifft
der Eule nun: Garaus!
Vom Fenster aus
sieht die Maus
den Suppentopf
sie lacht und kifft, denn verstreut um den Topf
liegen Federn vom Eulenkopf
Und wer glaubt, jetzt kommt was geflogen,
um diese Schadenfreude zu bestrafen,
der ist ein Scheiß-Moralist und hat verschlafen!

(Sommer 1998)

DAS HERZ

Und der Wind legt seine raue aber sanfte Hand
auf mein Haupt und nur die Sonne
verleiht dieser Hand Klauen, die sich dann tief
in meine Kopfhaut bohren,
unter meine Schädeldecke eindringen
und sich an meinen zitternden Hirnwindungen
festkrallen; auf diese Weise mein ganzes Denken umfassen,
um giftige Gedanken wie folgt zu blutigem Leben zu erwecken:

Eifersüchtigen Herzens binde ich die Euren
an meinen Schienen des Zornes fest
der heranbrausende Zug, angetrieben vom Herzenssturm
gibt ihnen dann den Rest
aus meinem Kopf entkriechen meine Hirnwindungen
gleich einem Wurm
Wie kann man einem Herzen nur soviel Schlechtes zufügen?
es sich erst auf ehrlicher Zunge zergehen lassen und dann doch belügen?
Und der Wurm schwillt zu einer Eisenbahn an
passt sich den Schienen des Zornes an und passiert Eure Herzen so schnell
er kann
Euer Blut ziert nun meine Zimmerdecke
meine Gedanken sammeln sich in einer stillen dunklen Ecke
und bringen dort auch noch den Rest von Euch zur Strecke

(Winter 1998)

THE HEART

And the wind lays its rough hand
upon my head and only the sun
loans this hand claws which bore
deep into the skin of my skull,
enter my skullpan and hold tight upon
the shivering convolutions of my brain;
embrace this way my whole thinking to awake
poisened thoughts as follows to bloody life:

Jelousy-hearted I tie up your hearts upon the rails of my thorn
The arriving train, driven by my heart of storm
Kills you as if you were never born
The convolutions of my brain crawl out of my head like a worm
How can anyone inflict so many bad things to a heart
First let it melt on (the) honest tongues, then lie and tear it apart
And the thorn becomes a train
Adjusts itself to the rails of thorn and passes
your hearts as fast as it can, oh worm of my brain!
Gathered in a dark quiet corner is my mind
Is killing there the rest of your kind

Rilke für Arme

Dem dunklen Rahmen seiner Seele er entstieg
hoffte zu leben in eines anderen Bildes Sieg
angespornt vom hoffnungsvoll gewachsenen Trieb
zu fallen durch sein dunkles Sieb

Zwischen den Sonnenstrahlen einer Stimme Wispern es schallt
und in seinen Ohren es süßlich hallt
die Mauern zerbersten vom vorsichtigen Knall
Steine verglühen im zarten Fall

Überhaupt nichts zeigt der Spiegel vor dem er steht
worauf hin er fleißig einkaufen geht
voll bis oben hin ist sein Einkaufswagen
voll mit Worten die er unfähig zu sagen

Der Geist hat sich nun mit Schönheit zu plagen
Und schreit erneut auf im lauen Klagen
tut nach gehauchter Antwort fragen
denn muss nun Verantwortung tragen

(Sommer 1998)

Von Brille zu Brille

Es gab mal eine Zeit
da ging mein Blick nicht all zu weit
auch hätt' ich liegen können
unter jeder Straßenbahn die mir des Weges gekommen
hätte so ganz fahrlässig das Leben mir genommen
Doch dann war es nicht Gotte's,
sondern eines menschlichen Wesen's Wille
Nicht nur mein Po, nein auch meine Nase ziert nun eine Brille
ich muss dem hinzufügen
Ersteres ziert letzteres nur dann und wann
wenn ich muss und kann
eher ist es Ersteres, dass sich ziert
denn eisig kalte Klobrillen, sind so ganz und gar kein Vergnügen
weil nackte Haut eben sehr schnell friert
sehr viel besser hat es da die Brille auf der Nase
denn sie wird eher selten
benutzt auf Grund des Druckes in der Blase
da sieht man mal wieder; zwischen „Brille" und „Brille" liegen Welten
auch sieht man durch den „Nasenschmuck" viel besser
Während die „Po-Verzierung" nur den Blick freigibt auf trübes Gewässer

(23. September 1999)

Pegasus mit gebrochenem Flügel und verstauchter Hachse

Dieser Zerfall namens Leben,
ist ein sehr langsamer Zerfall
Ja, so manche Hautfetzen wollen
einfach nicht von einem ablassen
Ich hör ihrer Brüder und Schwestern Echo-Fall
wie sie von Mutter Knochen an nur prassen
Frag Ihn nicht, warum Er dies so will
in mir spür ich keine Jugend
dieser Ort erscheint mir völlig unbekannt
und unwiderstehlich still
die Stadt danach nennen sie Tugend
was aber eine Sache ist, die nur das Kinde ehrt
sich jeglicher Vernunft aber verwehrt
Und es ist auch nicht gerade eine Tugend,
wie man dieses Kind verleugnet schon bevor man es gebärt
Die Straßen der Tugend aber sind ungeteert
auch ist da niemand der sie tut fegen
und über die Kindheit tut sich verwüstend
der Staub der Jugend legen
wo aber war erstere, eben diese
frag, warum - bevor mir jemals geöffnet –
sie das Buch der Jugend vor mir verschließe

(Herbst 1998)

Pegasus with broken wing and sprained knuckle

This decay named life is a very slow decay
Some shreds of skin simply won't let off, by the way! –
I hear their sisters and brothers echo-fall
How they just feast since mother bone
Do not ask Him why he wants me to be alone!
Inside of me there's no youth at all
This place seems irressistable quiet to me
and totally untrue
The city afterwards they call virtue
Which is a thing that only a child honours
The reasons are kept from but kept in dark corners
And you can't call it a virtue how you deny
this child long before it has been born
The streets of virtue are not tarred but torn
And there's no one to sweep them
So upon the childhood lays the dust of the youth to condemn
But where could this one be?
Ask Him, why – before ever opened –
He closed the book of youth to me?

Der Märchenprinz

Ich fand ihn im Wald
meine Hände warm, die seinen kalt
erkaltet auch der letzte Schweiß auf seiner Stirn
sein Haar ziert dezent Gehirn
doch das wird mich nicht störn

Der Himmel einer besoffnen Witwe gleich
ich nehm an er ertrank in ihrem Teich
Denn ich entledige ihn nun seiner nassen Sachen
und frag mich, was soll ich wohl nun mit ihm machen?
ich werde über ihn wachen
bis auch das letzte Fleisch sich gelöst hat
von den Knochen, und dann mit ihm lachen

Der Himmel ergießt sich erneut vulgär auf die Erde
er liegt nun da, gefangen in seiner letzten Gebärde
Sie flüstert mir ins gespannte Ohr
Ich solle ihn halten, wie das verlorene Kind
als das seine Seele im erwachsenen Körper gefrohr
wieso gerade ich? Weiß er, dass nur flügellose Engel
zu solchem fähig sind?

Found him in the woods

Found him in the woods
lover of my strangest moods
his hands are cold the ones of mine are warm
cold is the sweat on his fore-head and his hair a mess
brain adorns it as if someone did him harm
last witnesses of a painful death

Like a drunken widow looks the sky
I guess he had drown in her waters of deepest dye
for out of his wet clothes I strip him now
I wonder what I could do with him,
But yet my knees are sinkin' low
Over him I'm going watch
till he's nothing more than bones,
we will laugh and I will touch

Vulgarly the sky pours down to the ground
and he, captured in his last gesture
and his heart doesn't pound,
whispers into my excited human ear
I should hold him like the lost child in fear
that was frozen into his adult body
he knows that only wingless angels are able to this,
and he knows me…

The bitter wisdom of...

Wicked words are whispered behind my back
one behind each rip
Exhale a whole sentence
you spat out sip by sip
Somewhere on the ground lies your conscience

Malicious words are a-raised behind my back
squatting behind my rips
This bare foot of sky
is still pretending to be shy
somewhere on the ground dies your conscience

You awful monsters
in your awful heights
Oh hold your malicious playgrounds tight
Hands tight upon your ears
For they are sent:
My unknown soul-songsters

Die bittere Weisheit von...

Hinter meinem Rücken
steigen böse Worte empor
und finden hinter meinen Rippen ein offenes Ohr
dass sie nicht grad' entzücken
Und irgendwo am Boden ruht Euer Gewissen

Hinterhältig steigen die Worte meinen Rücken empor
kauern dicht hinter meinen Rippen
und der nackte Fuß des Himmels erreicht mein Ohr
umschifft scheue Klippen
und irgendwo am Boden stirbt Euer Gewissen

Ihr schrecklichen Ungeheuer!
auf des Himmels Emporen
haltet Euch die Ohren
denn Euren Schauplätzen der Boshaftigkeit bricht das Gemäuer
denn sie sind gesandt
meine Seelenvögel, Euch unbekannt

Noch einmal Hoffnung

(für Käthe und Hildi)

Ich mag Euch doch so gerne, wie Ihr mich,
da ist es doch nicht unüblich,
dass man sich anruft oder einander schreibt,
wenn einen die Zeit mal nicht vertreibt
und ich weiß, die Eure ist nicht gerade beleibt
Ihr werdet gehalten mit der Liebe von 'nem Mann,
ich frag mich, warum ich das mit den Händen
meiner Freundschaft nicht kann
Ich hab Euch nun mal einfach zu gern
so schreib ich Euch viele Gedichte,
tut das etwa einer von den Herrn
für Euch zwei Lieben?
und manchmal hab ich's vielleicht
etwas damit übertrieben
Denn tu ich Euch mit dem vielen Schreiben
etwa nur vertreiben?
Fragen über Fragen
und als Antworten nichts als Klagen
Schreibt mir doch mal zurück,
denn ich fürchte um ein großes Glück
So viele schöne Dinge
die ich mir, an Euch denkend, in Erinnerung bringe
So viele schöne Sachen
würd ich gern mal wieder mit Euch machen
doch es ist ergebnisloses Warten
auf der See unserer gemeinsamen Zukunft lauern Piraten...

(29. Januar 2000)

Das hat man dann davon!

Ich will nicht die große weite Welt begaffen
ich werd mir meine eigene erschaffen
denn in diese riesige Welt hinein geboren
ist man nicht zu Großem auserkoren
und meine Welt, die werd ich bunt gestalten
rechtfertigt das dann mein seltsames Verhalten?
Einmal gesehen
konnten sie mir locker widerstehen
einmal einen meiner Verse gelesen,
war's dass dann mit dem Widerstand gewesen
Sie wollten mehr und mehr
ich kam mit dem Dichten kaum noch hinterher
und doch sitz ich jetzt allein gelassen
in meiner stillen dunklen Kammer
und der Richter schlägt den Hammer
für ein Verbrechen, dass ich nie getan
aber sie meinen, dass meine Worte schuld daran warn
Tja, jetzt sitz ich hier und kann nicht mehr
Und komm mit dem Dichten gar nicht mehr hinterher

(9. Februar 2000)

Ein fader Tag

Ein fader Tag heut, die Wolken haben keine Gesichter
oder ich nicht genug Phantasie
oder ich bin im Moment einfach ein schlechter Dichter
ich weiß auf einmal, was ich will, sonst weiß ich's ja nie!
war da nicht eben dein Gesicht,
ich frag mich wo vor es scheut
oder hat's der Wind nur einfach verweht?
so schnell wie Hoffnung vergeht?
Und wo sind denn auf einmal die ganzen Wolken
Ich frag mich, wer hat denn bloß den Himmel gemolken
War's vielleicht dein Gesicht?
der Himmel entblößt es Schicht um Schicht
Aber in ihm ist kein Vermissen
so schnell hat man jemandem auf dem Gewissen
so ganz ohne Schuld
und mit der Zeit die mir noch bleibt,
geht auch meine Geduld

(Anfang 1999)

A dull day

A dull day with no landscapes
even the clouds aren't building shapes
or is it more because of a lack of fantasy
or just a matter of bad poetry
All of a sudden I know what I want, I never knew
wasn't there just your face; I saw it eschew
Or was it just a victim of a drift
like hope is a broad-minded gift
Or did the wind just blow it on other ways
as quick as hope decays
And I'm wondering where have the clouds all gone?
Who has milked the sky, what have they done?!
Maybe it was just your face
the sky strips it stack by stack
But there's no missing to be found in this place
so quick I'm on your bad-conscience' track
And you won't even know
so with the time that's left for me, my patience will also go

Entzückend!!!

(Für Lieschen)

Da ich dir am Freitag nichts richtiges gedichtet
fühlte ich mich am Abend des selben Tages
geradezu dazu verpflichtet
so dichte ich Dir nun:
      Hoffen ist eine schöne Sache
      die ich aber trotzdem nicht gerne mache
      denn eine ungewisse Angst lässt mich nicht ruhn
      Ich fürchte die Hoffnungen des Heute
      denn all zu schnell und viel zu oft
      fallen sie dem Morgen zur Beute
      das kann schon mal passieren, wenn man hofft!
      Ich höre schon diese gierigen Münder klappen
      die hungrig nach jener fragilen Kreatur schnappen
      und noch eins darf ich nicht versäumen zu erwähnen
      sie sind nicht zu zähmen
      meine Hoffnung aber ebenso
      trotzdem aber bin ich nicht froh
Oder ich dichte Dir dieses
zerreiß es oder lies es!:
Düster entlocken es mir die Sinne
      und man sagt mir, dass ich spinne
      Ein Geist filigran und entrückt
      man nennt das dann verrückt
      Ich bin entzückt!!!
Und noch eine Frage lässt mir keine Ruh:
      „Wie empfindest Du?!"

(20 August 2000)

Ich möchte sterben!!!

Ja, bald gibt's was zu erben
denn ich möchte sterben
es ist zwar nicht viel
aber doch sei mein Blut Euer Ziel

So gebt mir alle Eure Scherben
Ihr wisst ja, ich möchte sterben
Oder gebt mir Eure Messer
damit geht es besser

Am besten Ihr gebt mir einen Gnadenstoß
dann ist hier endlich mal wieder was los
werft mich eine Klippe runter
da wird's doch gleich viel bunter

Ihr dürft dann sogar meine Reste einsammeln
dass sie nicht so einsam tun vergammeln...

(27. Januar, 2000)

Ein Nachmittag am Meer

Der letzte Lebenswille war gebrochen
als sie das frische Blut gerochen
heftig fing es an in ihren Schläfen zu pochen
und ein Zittern ging ihr durch die Knochen

Hungrig wurde in ihrer Hand das Messer
und fing an sich gegen sie zu richten
erzählte ihr düstere Geschichten
denn rot wurde das Salzgewässer

(16. Februar 2000)

Heiße Eisen

Kein Eisen ist mir zu heiß, es anzufassen
keines zu kalt, es zu lassen

(16. Februar, 2000)

Gnadenlos

Ein dunkler Fleck in eines jeden Menschen Vergangenheit
ist stets dazu bereit
sich frei zu entfalten
und ebenso frei über unser Schicksal zu verwalten
Denn Flecke wollen nie bloß Flecke bleiben
oft tut die Vergangenheit die Zukunft vertreiben
und nicht umgekehrt, so scheint der Fall zu liegen
Es hilft keine Wasser, um sie weg zu kriegen
Im Gegenteil, das dient nur ihrem Wachsen und Gedeihen
um die Wahrheiten von ihrer Unsichtbarkeit zu befreien

(16. Februar, 2000)

Der Heiligenschein

Die Bedeutung dieses Wortes
hier und auch anderen Ortes:
scheint der Heiligenschein?
oder scheint er nur heilig zu sein?

(16. Februar, 2000)

Ihr!!!

Im Glauben an ein neues Leben
habe ich mein ganzes Selbst (aufge-)geben
Ihr ward es, die mich glauben ließen
dass da noch Knospen sind, die sprießen
Aber es waren welche, die nichts vom Leben wussten,
aber den Tod schon verstanden
Gefühle, die Uferlos stranden
Engel, die Liebe an jene sandten
für die es eh schon genug davon gibt
nicht aber an jene,
die immer vergeblich haben geliebt
Wellen der Ungerechtigkeit,
die an losen Steinen brechen
und weitere Ungerechtigkeiten ins Rollen bringen
Wenn sich die Ausgestoßenen rächen
müssen sich ihre Peiniger zum Atmen zwingen
Seelen, die nie um ihr Leben rennen
die zwar vom Leben wissen, aber die Gefahr
 - den Tod - nicht erkennen
die vom Leben berichten
während sie es vernichten

(26. Februar, 2000)

Überschriftenlos

Gedanken vergehen
Erinnerungen verblassen
zu einer Wüste aus Staub
Trümmer entstehen
man muss sie hassen
Trauer, an die ich längst schon nicht mehr glaub

Asphalt bricht
Beine werden weggerissen
in Schreien endet ein jeder Gesang
befreit Schicht um Schicht
ohne zu wissen
vergangener Stimmen Klang

Gefühle sterben
werden wiedergeboren
die Nabelschnur um den Hals
Keiner lebt mehr um zu erben
Ignoranz bis auf den letzten Ohren
und einer zaghaften Hoffnung Lippen formt Worte wie: "wenn oder falls..."

Aber Menschen bleiben
und ändern sich nie
man muss sie nicht kennen
um über sie zu schreiben
es ist nicht Ziel meiner Philosophie
die „Dinge" beim Namen zu nennen
(denn Namen
 sind immer nur die Rahmen
 um aber das Bild zu sehen
 muss man vom geteerten Pfad der Worte abgehen)

(1. März 2000)

Überlistet

Während die Tage so ins Leere gähnen
Tu ich mich nach Brücken sehnen
Die da hoch sind und im Falle tief
Denn sonst geht es schief

Ich fürchte weder das Knochenbrechen
Noch den dumpfen Knall
Auch nicht das Stechen
Meiner Knochen im Fleische überall

Bin ich weder gut geflogen
Noch hatte ich'ne harte Landung
Dann töst es in meinem Kopf wie eine Brandung
Und die Brücke hat mich belogen

Und bin ich dann auf den Schienen angekommen
Haben sie's endlich gerafft
„Sie hat das Leben sich genommen!"
und der Zug in der Nähe verkündet meine Botschaft
So wird es nun also doch ein Ende geben
Mit diesem heißgeliebten aber so oft verspottetem Leben
Beruhigend spüre ich unter mir die Schienen vibrieren
Und die Nacht kommt zu spät um mich zu erfrieren
(tu nämlich anderweitig krepieren...hihi!)

(16. Mai 2000)

Der Spinat-Soldat

Jeder nimmt, was der andere hat
nur Du tust niemandem was
ist nur immer brav Deinen Spinat

Während Bombenhagen alles Runde eckt
ist Spinat noch immer das einzige, dass Dir schmeckt

Dann musst auch Du raus auf's Feld
„Kämpfe, wie ein Mann!"
Man(n) tut was man(n) kann
und es ist der Spinat der Dich am Leben erhält

Der Krieg ist vorbei
Die Menschheit scheint frei
denn Drogen machen uns high
Dich nur Spinat mit Ei

Heut ist Sonntag; ein schöner Tag
Und's gibt Spinat mit einem Schuss Quark
vor Deiner fest verschlossenen Tür
wird einer zusammen geschlagen
Du hilfst nicht! Und warum
 soll man auch was dagegen sagen?
Das gehört doch schon zur Norm
und Spinat hält Dummheit in Form!

Des Nachts widerfuhr Dir ein Traum
Spinat wuchs auf einem Baum
Der Baum, dass warn wir
wurden zerrupft von barfußer Gier
die Gier warst Du
gabst für Spinat Deinen letzten Schuh

Und wenn's man keinen Spinat mehr gibt
Ich frag mich, wer dann Deinen Wagen schiebt?
Wer Dein Päckchen trägt?
Ist es jener, der am Spinat-Baum sägt...?

(Oktober 1996)

56

Die Uhr an der Wand

Die Uhr an der Wand
tickt wild, völlig außer Rand und Band
Der kleine Zeiger geht einmal in der Minute umher
und die Zeit rennt davon immer mehr und mehr

Ich hau auf Dich ein
schlag Dich kurz und schlag Dich klein
Danach bist Du nicht mehr sehr kompakt
bist tot und fühlst Dich abgefucked

Bei mir von Schuldgefühlen keine Spur
ich schau auf das nächste Opfer nur stur
Dem armen Kerl werd ich die Nase abhaun
ein nächster dann darf himmelwärts schaun

Die Uhr an der Wand
tickt wild, völlig außer Rand und Band
Der kleine Zeiger geht einmal in der Minute umher
und die Zeit vergeht immer schneller, immer mehr

All jenen, wie mir,
die gern den andern eins überbraten
wird ihre innere Stimme raten
„Das mach nur weiter fein,
Blut wäscht Deine Seele rein!"

Und doch warnt meine innere Stimme mich
„Pass gut auf auf Dich
Denn, wenn der kleine Zeiger steht
bist Du diejenige, die geht!"

(September/Oktober 1996)

EICHHÖRNCHENCOUNTDOWN

Frierend und gelangweilt wartet man auf den Zug,
dessen Ankunft gegen 15:15 Uhr zu erwarten ist.
Um 15:17 Uhr vernimmt man die ersten Töne
des Zuges, dessen Ankunft gegen 15:15 Uhr
zu erwarten war.
15:18 Uhr, der kleine Zeiger erreicht gerade die 12,
kommt der Zug endlich am gewünschten Ziel an.
Die Türen öffnen sich, man steigt ein,
die Türen schließen sich.
15:19 Uhr, der Zug fährt los.
Bis zur nächsten Station sind's 20 Kilometer.
Man unterhält sich kurz
mit seinen Sitzplatznachbar,
schaut dann wieder stur zum Fenster hinaus;
mit strahlendem Lächeln trifft man
alte Bekannte wieder,
mit einem aufgesetzten entschuldigt man sich,
ob man mal durch dürfe
„da drüben am Fenster ist noch ein Platz frei!"
Der Zug ist schnell, so schnell,
dass er die Landschaft verwischt.
Man belabert abermals seinen Sitzplatznachbar,
wie schön doch die Landschaft sei.
Dieser erwidert,
er habe das Eichhörnchen auch gesehen.
15:25 Uhr,
man kommt an der nächsten Station an.
Die Menschenmenge wird dichter,
die Stimmung angespannter.
Auf den Stehplätzen stapeln sich die Leute.
Man holt eine zerknitterte Tageszeitung
aus der Tasche,
 liest sie sorgfältig durch,
denn es wird eine lange Fahrt werden.
Am gestrigen Tage zur abendlicher Stunde
wurden die Bauarbeiten an der Brücke abgeschlossen,
so kommt man um einiges schneller
am gewünschten Zielort an.
Nach einer viertel Stunde

wird man erneut nervös. Die Tageszeitung,
die erst vor fünf Minuten weggepackt wurde,
wird nun hektisch wieder hervorgekramt,
was ihren zerknitterten Zustand
eine Beförderung einbringt.
Man hat die Finger im Mund,
in der Nase und nur Gott weiß,
wo sonst noch.
Aber grade jener hatte seine Augen
an diesem Tage wohl wo anders gehabt.
15:28 Uhr,
der Zug fährt wieder an,
wird von gemütlich zu schnell und
dann schneller,
bis wir rasend schnell sind.
Man nähert sich der Brücke,
unter der ein Fluss fließen soll.
Noch fünf Minuten;
man schaut hinaus,
hinaus in die verwischte Landschaft
und zählt Eichhörnchen.
Noch vier Minuten;
man packt die Zeitung wieder ein,
holt sie wieder raus, packt sie wieder ein...
Wenn man das 10mal in der Minute geschafft hat,
steht man auf Platz eins
in den Top 10 der gestressten Fahrgäste...
...holt sie wieder heraus, packt sie wieder ein,
überlegt ob man sie nicht besser
aus dem Fenster schmeißen sollte.
Noch drei Minuten;
gelangweilt schaut man aus dem Fenster
in diese verwischte Landschaft,
die nichts neues mehr bietet.
Man ist bei Eichhörnchen Nr. 200 angelangt.
Noch zwei Minuten, man lehnt sich zurück.
Noch eine Minute, schon fast eingeschlafen.
Keine Minute mehr;
die Zeit läuft einen zwischen den Fingern durch,
dass kitzelt.
EICHHÖRNCHEN-COUNTDOWN:
10-9-8-7;
man kommt der Brücke, rasend schnell,

wie wir sind, immer näher
6-5-4,
die Landschaft ist wirklich schön
3-2;
s'is zu spät als 'me merken,
dass da überhaupt keine Brücke mehr ist.
„Keine Panik", ruft der Schaffner,
„die hat der Wind weggeweht."
Kurze Pause und dann,
beruhigend: .
"S'könnt gleich weh tun!"
Gesagt-getan.
Und dann fallen wir runter samt Zug
und stellen fest das da ja tatsächlich ein Fluss fließt.
Und ham'ses Eichhörnchen auch gesehen???

(Oktober 1996)

Mr. Gartenzwerg

Die Sonne scheint herab auf dich
dort im Garten wo du stehst
du kriegst von ihr 'nen fetten Stich
weil du nicht in den Schatten gehst

Jemand geht an dir vorbei
nur ein kurzer Schatten
Nachmittags um drei
wenn's dunkelt kommen die Ratten

Es ist Nacht, es ist halb drei
jemand schnuppert an deinem Bein
Es sind die Ratten, ich zähle zwei
die im Morgengrauen verschwinden, denn sie fürchten Sonnenschein

Soviel Ungerechtigkeit auf dieser Welt
das entschuldigt auch kein Schmerzensgeld
Wütend tust du dich nach Rache sehnen
hasst des morgens Sonne Gähnen

Warum haben Sie dich auch grade in die Sonne gestellt?
dort wo der Schatten die Schnauze hält
Deine rote Zipfelmütze mit den weißen Bommeln dran
Fängt bei solcher Hitze schon zu schmelzen an

Am nächsten Morgen geht die Sonne auf
du schießt auf einem außerirdischen Gartenschlauch zu den Sternen rauf
Von Stern zu Stern wird es immer wärmer dann
und so machst du dich schon mal an das Laden deiner Waffe rann

Mit einer Uzi ganz aus Plexiglas
spritzt du die Sonne nass
Ein Strahl aus Feuer dir dein Hemd verbrennt
denn die Sonne hat's nicht gern, wenn jemand ihre Adresse kennt

Ein heißer Kampf sodann entbrennt
obwohl niemand richtig den andern kennt
Deine Zipfelmütze hat keine Bommel mehr
Und auch der Sonne schlägt das Herz gar schwer

Aber immerhin, du hast dich dann befreit von deiner Last
und ich frag' mich an wen du dein Kleinhirn verpachtet hast
Die Nacht ist immer, alles nur noch dunkle Schatten
und an deinen Füßen nagen die Ratten

(30. Mai 1997)

DAHEIM GEBLIEBEN (Frankreich 1998)

Einsam ist mein Herz
tut nach dem Sinn Eurer Reise suchen
mein quälend langsam pulsierendes Blut reduziert den Schmerz
Und tut Euch insgeheim verfluchen

Wo mögt Ihr jetzt bloß sein?
gedenkt Ihr gerade mein?
Das geht mir auf den Leim
Im trockenen Hals steckt ein grüner Klumpen Schleim
und erstickt die Hoffnung im Keim
kommt Ihr jemals wieder Heim?

Ja, das ist was mich wirklich schlaucht
wie viele Taschentücher hab ich schon verbraucht?
nassgeweint und vollgerotzt
dann mein frisch verdautes auf dem Teppich erkotzt

Hab ein Buch gelesen
Ihr rieft mich an
bin in Eurem Heimweh genesen
Nun weiß mein einsam Selbst, dass es auch ohne Euch leben kann

Ihr sitzt gerade im Bus
Auf dem Weg „Irgendwo"
macht ohne mich Schluss

Eine schöne Brücke habt ihr entdeckt
Hildi meint „Da können wir runterspringen"
Käthe schroff „Ist nun meine oder Deine Seele verreckt?"
Und Hildi sieht ein, „Was würde das ohne Lotte bringen?"

Und nun wieder besonnen
hat sie ihren Lebensmut zurückgewonnen
doch meiner Seele Blut ist noch lange nicht geronnen

Ich frag mich, wer wird mich für mein Leid belohnen
Immer die Falschen kriegen die Kronen
Würde ich tronen
tät ich niemanden vor dieser Welt verschonen
Aber würd ich dabei nicht mich selber klonen?
Aber wer kann schon meinen Fleischklumpen Herz bewohnen?

(März 1998)

Danksagung einer Mumie

Während ich so vor mich hin vegetiere
habe ich ständig Angst, dass ich etwas verliere
und das dieses „Etwas" dann Euch sein könnte
und über mir ein alttestamentarischer Gott,
der mir ein solches Glück eh nie gönnte
Ich versuchte immer die Tage, Stunden, Minuten
einfach nur irgendwie hinter mich zu bringen
doch auf einmal, da tat etwas meine Seele beschwingen
Ich konnte mir das Wunderbare zuerst nicht definieren
ich war wohl noch zu sehr am vor-mich-hin-vegetieren
Aber das Wunderbare ward ihr, meine Freundinnen
ich dachte nur ist der Alte da oben etwa
nicht mehr ganz von Sinnen
schickt mir die Engel gleich in doppelter
und dreifacher Menge, die ich einst geordert
Vielleicht warn ja die Wölkchen überfüllt
und da hatte sich ihm grad meine einsame Seele enthüllt
und er erhob sonor die Stimme:
„Seht Ihr da unten mit den traurigen Augen, das Kalb
Ihre Seele noch nicht mal zu einem Viertel belegt
Und macht die Sache ja nicht halb
sonst geht's euch an den Skalp
da wird erst mal kräftig mit dem Heiligenschein durchgefegt
und dann wird schön brav jedes Zimmer belegt
die Fenster reißt weit auf; Ihr!
sonst gibt's was auf die Flügel drauf von mir
Ich glaub schon, Ihr werdet machen euren Job recht gut
gebt ihrer Seele eine Reinheit gleich ihres Herzensblut."

(11. April 1999)

Die Kühe...

Die Kühe stehen auf der Weide
schwarz-weiß gefleckt ist ihr Kleide
es kommt des Messer's scharfe Schneide
Blut-befleckt ist ihr Kleide
Die Kühe standen auf der Weide

Die Kühe stehen auf der Weide
Bunt-gefleckt ist ihr Kleide
es kommt des Messer's scharfe Schneide
aber tut ihnen nichts zu leide
Die Kühe stehen auf der Weide

(6. Juli 1999)

Zwischen Wechseln und Tratten

(Für Käthe und Hildi)

Ich hoffe mein Brief hilft beim Erinnern
an schöne Zeiten, die wir hatten
gibt Grund zum Hoffen, auf welche, die wir noch haben werden
jenseits des Huflauts von zukunftsscheuen Pferden
Denn erst ein Stück schöne Vergangenheit macht
Gegenwart und Zukunft zu potentiellen Gewinnern
ist ein Reserverad für so manch Platten
zwischen all den Wechseln und Tratten
Inventaren und Bilanzen
in meinen vom Chaos regierten Ranzen

(14. November 1999)

Allein geblieben

Jetzt sitz ich hier im Unterricht
ohne Euch, mein Herz es bricht
Die Haut löst sich vom Fleisch,
Schicht um Schicht
Und die düstere Nadel dieser Stunde
näht mit scharfen Fäden mir zu den Munde
Wir haben Wirtschaftslehre,
mal wieder geh ich vor die Hunde
Aber dann bei Rechnungswesen
tu ich vielleicht wieder genesen
aber auch das hindert
mein Fleisch nicht am verwesen
Während der Mund noch am Maulen
ist das Fleisch schon am Verfaulen
Ich hör die Nägel schon klopfen auf dem Holz
und ertrinke in dem See aus meinem Herz, das schmolz
ich hoffe ich mache Euch damit stolz
Die Flasche Benzin, noch steht Sie auf dem Tisch
mein Blut noch fließend,
das Fleisch noch einigermaßen frisch
die Streichhölzer noch in der Tasche
nipp' ich schon mal an der Flasche
zünd das Streichholz an,
kipp den Rest Benzin hinterher
schluck auch das hölzern Ding,
und schon gibt es mich nicht mehr

(September 1998)

Under my wing

The only ones that I can trust
are my memories
but without you they would be rust
They are a fever of higher degrees

And in all that mature that I ponder
I know that there is yonder
to whom the bells are going to ring
that they will be saved under my wing

(16. Januar 2000)

Unter meiner Fuchtel

Nur meinen Erinnerungen kann ich noch vertrauen
aber ohne Euch wären sie nur schwer zu verdauen
Sie sind ein Feuer von höheren Graden
eine Waffe bis zum Anschlag geladen

Und in all den reifen Stunden des Überlegens
in all den unendlichen Momenten des nach Euch Strebens
weiß ich, Ihr seid jene, denen die Glocken läuten
Und auf einen sicheren Platz unter meiner Fuchtel deuten

Once upon a time in the west

(Für Hildi)

Wenn man Deinen Lebensweg so betrachtet
Ist man sehr stolz auf Dich
Aber betrachtet man dann mich
Na ja, man schaut dem Kalb nicht in die Augen,
wenn man es schlachtet

Immer wieder träum ich von der Zeit, die einmal war
und es folgt ein grausames Erwachen
all meine Hoffnungen erfrieren; denn sie liegen bar
wie gerne würde ich mal wieder mit Euch lachen!

Einst in diesem kalten dunklen Gemäuer
warn wir uns selbst noch nicht ganz geheuer
Aber in diesem schrecklich traurigen Gebäude
begegneten wir uns zu unserer Freude
von dem Regen in die Traufe
war das unsere Taufe?

Nur selten noch kreuzen sich heute unsere Wege
auch, wenn ich all meine Hoffnungen auf diesem Konto anlege
es nimmt hohe Zinsen
unbezahlbar scheint oft einer Freundschaft Dauergrinsen...

(24. Januar 2000)

Von den Harten und den Zarten

So manches Unglück läuft einem über den Weg
wird hinter nie gekannten Ecken auf einen Warten
So manches Holzbrett hat den Wurm auf diesem Steg
Und trotzdem gehört man noch zu jenen: den Zarten
Lässt sich nicht verbittern
fürchtet sich zwar so manches mal,
aber unterdrückt tapfer jedes Zittern
Man weiß: Harte Dinge lassen sich leichter brechen
denn sie sinnen stets nur darauf sich zu rächen
Und so rachsüchtig
wird jedes auch noch so große Glück kurz und flüchtig

(25. August, 1999)

About the hard and tender things

Some misfortune may pass your way
will be in wait for you in never known corners that betray
Some wooden planks have a worm on this foot-bridge
But nevertheless you won't lay your heart in the fridge
instead of getting bitter you keep your tenderness
You may fear something sometimes but stifle bravely
every shivering, nevertheless
You know: Hard things are better to break
Bitter hearts are easier for the devil to take
for in such longing for revenge
even the biggest fortune loses its strength

Zu viele Gedanken

(Für Lieschen)

Ach, es nervt mich, das viele Denken
was soll ich denn mit den ganzen Gedanken
Ich werde sie alle meinen geliebten Menschen schenken
und hoffen, dass sie es mir in irgendeiner Form auch danken

Wofür bloß die ganzen Gedanken?
Nur zu gerne werde ich sie Dir schenken
Nicht bloß, um mich zu bedanken
manchmal auch, um einfach nur an Dich zu denken

So habe ich mich all meiner Sorgen entledigt
und mich hoffnungsvoll auf Deiner Seele verewigt...

(7. September 1999)

Tote Zeit

Man ist stets darauf bedacht
tot zu schlagen die Zeit
aber besser wäre man dran, gäbe man acht,
dass sie einen nicht selber gibt das letzte Geleit

(23. Dezember, 1999)

Dead time

We always try
to kill time, but we'd be better off to beware
that we are not the ones who (have to) die

A dry Verse

Und die starre Muskelkraft
hat weder Schmiere noch hat sie Saft
Und die kindlichen Gedankengänge
noch kennen sie keine Zwänge
Doch der Erwachsenen Moral
bereitet ihnen Kopfzerbrechen und Qual
treibt sie in todesnahe Enge
Doch noch folgen ihr andere Klänge;
dann Grabgesänge
Und ein trüber Wind bläst straff von Osten
es biegt sich ein jeder Pfosten
Und der zähe Muskelsaft
ist weder Schmiere noch hat er Saft

Noch mehr Gedanken

Die Gedanken schwirren durch diesen Raum
In meinen Kopf hinein
Machen sich dafür ganz klein
Man sieht sie ja kaum!

Aber erst im Kopf erlangen sie wahre Größe
Erst bekleidet erkennt man ihre Blöße
Schaut man ihnen ins Décolleté
Liest darin, wie im Satz vom Kaffee

Aber hochverschlossen, fängt man an ihnen zu misstrauen
Kann ihnen ja nicht mehr in den Ausschnitt schauen...
(Das macht einen dann zum Voyeur
aber sehen tut man auch nicht mehr!)

(28. April 2000)

Bei Dir

(Für Rita)

Man interessiert sich für die Menschen
So ganz im Allgemeinen
Aber nicht auf jeden dieser
Kann man sich was reimen
Bei manchem noch
Wird still man verweilen
Im Suchen nach dem Sinn zwischen den Zeilen
Bei Dir, da hab ich ihn erfolgreich gefunden
Denn Du bist mehr,
als nur das Schmerzmittel für meine Wunden...

(16. April 2000)

Was nicht sein soll...

Ja, ein bisschen Phantasie hat noch niemanden geschadet
Auch, wenn knöcheltief in Scheiße er watet
Und seine Seele nie in reinem Wasser hat gebadet
Denn die Phantasie gibt einen Verstand und Gefühl zurück
Manchmal bringt und manchmal nimmt sie das Glück
Und ebenso verfährt sie mit dem Pech:
Zu heiße Gedanken schmelzen einem das Blech
Und das Eisen tut es ihm gern gleich
Laues Wasser aber kocht die Eier nur weich
Frag nicht, was ich damit sagen wollte
Der Sinn war diesmal jenes, was nicht sein sollte

(16. April 2000)

Während die Sonne schien

(Für Rita)

Der Regen peitscht, wie tausend kleine Messer
Gegen die Scheiben vom Fenster
Die Gedanken - nur noch Gespenster
Und den Hirnwindungen ging es auch schon mal besser!

Die Blitze zucken, wie fleischlose Krallen
Auf der fühllosen Erde
Von oben kommt feuchte Beschwerde
Wie würde ihnen das dann wohl erst mit meinem Fleisch gefallen?

Und der Grund dafür:
Du bist noch nicht bei mir!
Bis dahin leb ich in Erinnerungen
Und mit einem Gedicht, dass mir misslungen

(21. April 2000)

Vom Bäume umarmen

(Für Rita)

Ich möchte einen Baum umarmen
Der Baum hat keinen Namen
Ich möchte seine Äste greifen
Hoch oben, wo die besten Früchte reifen
Ich möchte das Gefühl in seinen Wurzeln kennen
Denn ich möchte ihn beim Namen nennen
Und vielleicht stelle ich dann fest, beim Umarmen:
Der Baum trägt Deinen Namen

(23. April 2000)

Schlussfolgerung:

(Do not) Gamble with the clowns (1994/99)

Moon and day are gone
will never be alone
changin' those movies now
with a bitter bit of brown
One day after another
Roams the nervous sky, my brother
standin' here with you beside a naked housewall
And our shadows are not like us at all
And my words as follows
show your innermost has got hollows

>   Do not gamble with the clowns
>   if you win you only win their frowns
>   Gamble with the fools
>   no matter if you win or loose,
>   go ahead breakin' their rules!

>   And that was the day
>   The hearts go astray
>   starring at a bare housewall
>   and shadows that call
>   for a little grace
>   in this condemned space

The last serpent kiss
the poison a bliss
unlike all the tomorrow's that'll follow
the future seems a pure hollow
Wicked souls and bruised hearts
always play with the wrong carts

How does it sound
The breaking of the ancient wound?

Is it pain for cash
the cracking of the flesh?

The dead ones on the battlefield
They are the only shield

Wette nicht mit den Clowns

Der Mond und der Tag sind gegangen
haben viel zu lang schon alleine abgehangen
Und verändern nun, die Filme, die wir schaun
mit einem bitteren bisschen braun
Ein Tag nach dem andern
ist mein Bruder – der Himmel – unruhig am Wandern
Ich stehe nun mit Dir neben einer blanken Hauswand
und selbst unsere Schatten sind uns wenig bekannt
Und meine Worte, wie folgt, ernst genommen
bezeugen, Dein innerstes hat Löcher bekommen

      Wette nicht mit den Clowns,
die immer nur als lustig Dir erschienen
      Denn, wenn Du gewinnst,
gewinnst Du doch nur ihre finsteren Mienen
      Wette mit den Narren, die Dich hetzen
Denn egal, ob Du gewinnst oder verlierst,
      Du brichst mit ihren Gesetzen!

      Und das war der Tag
      die Herzen verirren sich im Schlag
      Auf eine blanke Hauswand starrend
      nach dem Ruf der Schatten ausharrend
      Die verkünden, dass sie uns verschonen
      in diesem verfluchten Ort in dem wir wohnen

Der letzte Kuss der Schlange
Das Gift macht einen nicht mehr bange
Im Gegensatz zu der Zukunft, die sich offenbart
jeder Morgen, wie ein Loch in das man starrt
Was kann man von verruchten Seelen
und verletzten Herzen auch anders erwarten?
Sie spielen immer mit den falschen Karten!

Die Frage ist, welcher Klang mich wohl besticht
Wenn die uralte Wunde bricht
Ist der bare Schmerz etwa schon vertraut?
Das Zerbersten von Fleisch und Haut

Die Toten auf dem Felde der Schlacht
Sie haben den einzigen Schutz gebracht!